모닝 커피

시와문화 시집 71
모닝 커피

서창록 시집

시와문화

■시인의 말

  내가 무작정 시를 쓰기 시작한 때는 대략 40대 중반으로 기억한다. 그 뒤로 꾸준히 시집과 관련 서적을 탐독하고 시창작 강좌와 동호회도 찾아다녔다. 시뿐 아니라 문학에 도통 관심 없던 평범한 직장인에게 이런 극적인 변화가 생긴 까닭은 아마도 중년기에 흔히 찾아오는 정서적 변화 때문인지도 모르겠다. 그래서일까 치밀한 사유나 지적 성찰 없이 순간 떠오르는 감정의 흐름만을 잡으려 했던 것 같다. 좋은 시를 많이 접해본 독자들에게 어쩌면 나의 시는 초보 수준의 감정 발산으로 여겨질지도 모른다. 하지만 이 또한 내 삶과 생각의 궤적이므로 그저 무시하고 지나칠 수는 없었다. 이제 시는 나와 남은 삶을 함께할 동반자가 되었다. 여기 80여 편의 시들 중 단 한 편 혹은 한 행이라도 독자의 눈길을 머물게 한다면 더 이상 바람이 없다. 첫 시집이 나오기까지 조언과 응원을 아끼지 않은 아내와 딸에게 감사의 말을 전한다.

                                    2023년 초여름 서창록

|차례|

■시인의 말

1부 관觀

거미 _ 12
정원 _ 13
단풍 _ 14
꽃 _ 15
고양이 _ 16
중앙공원 _ 17
시비詩碑 공원 _ 18
봄바람 _ 19
겨울 산행 _ 20
여백 _ 21
매미 _ 22
별 _ 23
참나리 _ 24
잡초 _ 25
늦가을 _ 26
티벳 여우 _ 27
달맞이꽃 _ 28
할미꽃 _ 30
참새 _ 31
아라연꽃 _ 32
씀바귀꽃 _ 33
민달팽이 _ 34

2부 정情

소리 _ 36
임종 _ 38
폭죽 _ 40
빈 의자 _ 41
5% _ 42
순수이성비판 _ 43
염주 속의 부처 _ 44
기도 _ 45
국어능력평가문제 _ 46
확신 증후군 _ 47
사바사나 _ 48
참선 _ 49
상처 _ 50
풍화 작용 _ 51
득도 _ 52
궁합 _ 53
우연 _ 54
지식 _ 55
가출 _ 56

3부 휴休

엄마 밥상 _ 58
시 조리법 _ 59
송년회 _ 60
청첩장 _ 62
그늘 _ 64
빨래하고 싶다 _ 65
시든 사과 _ 66
불면증 _ 67
현대시 _ 68
수영장 _ 70
통증 _ 71
전업주부 _ 72
골프장 _ 73
모둠회 _ 74
시작詩作 _ 75
권예식 _ 76
산책 _ 78
타임머신 _ 79
허세 _ 80
반도네온 _ 81
출발 _ 82
시 사랑 _ 83
너와 나 그리고 나 _ 84

4부 몽夢

심장 _ 86
기억의 무게 _ 87
벽 _ 88
시계 _ 89
사랑할수록 _ 90
별 2 _ 91
외톨이 _ 92
통 _ 94
과잉 시대 _ 95
자화상 _ 96
설렘 _ 97
들국화처럼 _ 98
가장 외로운 시간 _ 100
입금했지? _ 101
첫사랑 _ 102
기다림 _ 104
사랑 빼기 _ 106
구르몽의 시 _ 107
꽃길 _ 108
모닝 커피 _ 109

■해설 명징한 서정으로 포착한 삶의 현주소/ 박몽구 _ 110

1부
관觀

거미

쌀알만 한 거미가 차 앞유리에
죽은 듯 붙어 있다
어떻게 들어왔을까?
어디서 살던 놈일까?
운전석 유리창을 슬며시 내린 후
휴지 한 장 꺼내 들고 거미를 조준한다

'적당한 힘으로 잡아야 해'
'너무 세게 누르면 유리가 더럽혀져'

순간, 꼼짝 않던 거미가 깡총 뛰어올라
운전대에 앉았다
깜짝 놀라 강하게 내리치니 다시 폴짝,
순식간에 창밖으로 사라진다
그렇게 빠르고 높게 뛰는 거미는 처음 본다
하찮아 보이는 미물도 그 목숨 지키기 위해
죽을힘을 다한 것이다

정원

한여름 정원은 전쟁 중이다
밤나무가 주목 위로 그늘을 만들 때
단풍나무 밑에선 어린 소나무가 간신히
햇빛 부스러기를 주워 먹는다
하늘을 차지한 층층나무라고 안심하긴 이르다
줄기를 휘감아 오르는 덩굴 앞에서는,
혼자만 살기 위해 발버둥 치는 모습이
도시의 빌딩 숲을 많이도 닮았다
정원의 카오스를 더는 볼 수 없어
톱을 들고 욕심 닿은 가지부터 잘랐다
적자생존에 길든 나무들이
서서히 질서를 찾는다
남의 영역을 넘지 않고 함께 공존해야
살아갈 수 있다고 톱이 가르쳐 준다
정원의 평화는 저절로 오는 게 아니라
만들어지는 것이다

단풍

그림자마저 나무 아래
숨어버린 여름이다
이파리는 광열光熱을 받아
나무의 허기를 채운다
마침내 고된 행군이 끝나고
갈바람이 노동의 끝을 알리면
이파리는 녹색 작업복을 훌훌 벗고
감추었던 속살을 드러낸다

노랑, 주황, 빨강, 보라, 고동

일할 때는 모두
한가지 색이지만
일이 끝나니
각자의 빛깔로 돌아간다
이제 나도 훌훌 벗어야겠다
이파리가 속살을 드러내듯이

꽃

죽도록 외로워도 당신
슬퍼하지 마세요
세상에 슬픈 꽃은 없으니까요

고양이

열 평 남짓 공간에서
먹고 자는 고양이가 있다
툭하면 벽지를 긁거나
옷장 위에서 제 몸을 핥고
졸리면 침대 위로 간다
배설물은 집사가 깨끗이 청소해 주고
밥그릇엔 늘 먹이가 가득하니
굶주림에 쓰레기통을 뒤지거나
천적을 피해 도망 다닐 필요 없는
이곳이 고양이 천국이다
종종 녀석은 창밖 풍경에 놀라
야릇한 묘성猫聲을 지른다
하지만 이내 눈길을 돌린다
바깥세상은 약육강식의 정글임을
안다는 듯이,
나도 어느새 고양이를 닮아간다
좁은 공간에 만족하고 있으니

중앙공원

초여름 아침나절
가랑비가 영장산을 적신다

산책로 따라 걷다가
숨을 크게 들이쉬자
들풀 한 움큼이 콧속으로 쏘-옥

다시 한번 깊게 들이마시니
찰진 흙 내음 한 사발이
목구멍으로 벌컥

눈을 감고
찬찬히 음미하 보니
파릇한 솔향이 머릿속까지 후-욱

숲의 향기에 취해
불그레한 미소가 활짝 열렸다

무심한 가랑비가 준 선물에
옷이 젖는 줄도 모르고

시비詩碑 공원

봉성리 깊은 산골에
천 개의 바윗돌로
천 년 뒤에도 변치 않을
바윗돌을 깎는 사람이 있다
그게 뭐라고,
언제 끝날지 모를 일을
십 년 넘게 하고 있다
미쳐보지 않고는 맛볼 수 없는
내겐 무척 낯설어진 두 글자
'희열' 때문인가

시詩옷 입은 바윗돌을 보며
천 년 뒤를 상상해 본다

봄바람

얼어있던 벌판이
햇살의 온기여 놀라
연두색 물감을 토해낼 때
길가에 줄지어 선
벚나무들이
꽃눈개비 날리며
돌아온 봄을 환영한다
들뜬 마음에
가벼운 옷차림으로
문밖을 나서는데
처마 밑에 숨어 있던
소소리바람
찬 기운 몰고 와
심술을 부린다

"에엣 - 췌!"

누가 볼세라
재빨리 콧물을 훔치자
발밑에 노랑 민들레가
까르르 웃는다

겨울 산행

칼바람이 코끝을 아리는 겨울의 끝자락에
방한복과 쇠못 등산화로 단단히 무장하고
눈얼음 덮어쓴 가야산 돌계단을
한발 한발 오른다

장갑 속으로 파고드는 냉기에
손마디는 굳어가고 하얀 입김이
화통 연기처럼 뿜어져 나올 즈음
마침내 온 세상이 두 발아래로 열렸다
무사히 올랐다는 안도감도 잠시뿐
빙판처럼 미끄러운 내리막길이 공포로
다가온다

올라온 길보다 내려갈 길이 아득하고
오르기 위해 배운 것은 쓸모없게 되었지만
내려가기 전까진 끝난 것이 아니기에
길게 누워버린 신갈나무 그림자처럼
쉬어 갈 수도 없는 노릇이다

황혼의 길은 그래서 어려운가 보다

여백

벼랑 끝 바위틈
비스듬히 매달린 매화나무
나룻배에 올라탄 취옹醉翁이
올려다본다
매화와 나룻배 사이
텅 비어 있고
물결도 바위도 보이지 않는다
찬찬히 들여다보니
하얀 물안개
몽글몽글 피어오른다
단원檀園의 선상관매도船上觀梅圖
명작인 까닭은
화선지 한복판을
비웠기 때문일 것이다

삶도 그랬으면 좋겠다
휑하니 비워 놓는 산수화처럼

매미

태양의 열기도
아랑곳하지 않는 매미의 절규,
여름 한 철 날개를 펼치고
나무에 오르기 위해
십여 년을 흙 속에서
애벌레로 살아야 했기에
한이 맺혀 울부짖는 소리
'왜앵 왜앵 왜앵 왜애애애앵'
나보다 더 큰 시련 있으면 나오라고
'왜앵 왜앵 왜앵 왜애애애앵'
절규가 귀청을 파고들수록
인고의 시간은 길었을 것이다

여기 또 다른 애벌레들이
학교로 학원으로 꾸역꾸역 모여든다
매미가 되지 못해 작은 소리로
흐느껴야만 하는 우리 아이들

별

하늘에 뿌려진 별빛은
과거에서 오는 장문의 편지다
달도 태양도 없던 까마득한 역사를
기록한 오벨리스크다
빅뱅, 블랙홀, 팽창하는 우주
지구는 별들이 쓴 편지를 읽으며
자기를 알아간다

'너를 만나고 싶다'

별에게 말을 건다

응답이 없다

편지를 읽을수록
지구는 자꾸만 자꾸만 작아진다
자꾸만 자꾸만 외로워진다

참나리

연둣빛 새싹이 하나 돋았다
지난해 뿌려놓은 것이다
이제 며칠이면 곧게 뻗은 줄기 위로
주홍의 자태를 뽐내겠지

아
그런데
내가 한눈파는 사이
긴 대롱만 남긴 채 고스러졌다
너의 원망 섞인 외침이 들린다
가장 아름다운 순간에 어디 있었냐
라는,

잠시라도 방심하면 안 된다
설레는 순간을 놓치기 싫다면

잡초

앵초 작약 금낭화 영산홍으로
아름답게 꾸민 화단
잡초가 폐허로 만들었다
뽑고 또 뽑아도
다시금 나타나 괴롭힌다
돌을 깔면 돌 틈 사이로 나오고
시멘트를 발라도 비집고 올라온다
바랭이 쇠뜩이 개망초 방동사니 쇠비름…
이름마저 촌스러운 잡풀과의 전쟁
여름이 다 가도록 끝날 줄 모른다
너무 흔해서
예쁘지 않아서
반기는 사람 아무도 없는데
험한 세상 살아내기 위해
몸부림친다

그래
내가 미처 몰랐다
그 질긴 생명력에는 이유가 있다는 것을
이곳의 주인은 원래 너희라는 것을

늦가을

햇볕이 따사로운
오후 어느 날
갈바람이 호수 위로
윤슬을 만들 때
마음 급한 다람쥐가
도토리 한가득 입에 물고
숨길 곳을 찾아 헤맬 때
길 위에 수북이 쌓인 낙엽이
나그네의 발길을
막고 있을 때

자꾸만 가슴으로
파고드는 가을

겨울이 싫어서일까
여름이 그리워서일까

티벳 여우

스마트폰에 머리를 맞대고
아이들이 키득키득 웃고 있다.
아빠랑 많이 닮았다며,

'뭐가 아빠랑 닮았냐?'

'티벳 여우!'

'티벳 여우?'

내가 여우랑 닮았다는
말은 처음 들었다.
아이들이 장난처럼 내민
영상을 보자가자
같이 웃었다.
나와 많이 닮아서
근엄하고 무뚝뚝한 표정이

달맞이꽃

벌도 나비도
찾지 않는 꽃이 있습니다
크고 화려한 꽃들과 경쟁하기가
힘에 부치는지 한낮에도 봉오리를
열지 못했습니다

그런데
모두가 잠든 사이
아무것도 없는 어둠 속에서
조그마한 얼굴을 드러내자
박각시나방이 기다렸다는 듯이
찾아와 몸을 비벼댑니다
기어이 꽃가루가 나방의 몸통에
달라붙습니다

'낮이 아니어도 괜찮아'

두려움에 홀로 토닥이다 기적처럼
찾아낸 생존의 길은
아무도 가본 적 없는

밤이었습니다
밤에 피는 꽃,
달맞이꽃입니다

할미꽃

이제 막 여인이 된 소녀처럼
너의 고운 자태를 누가 훔쳐볼세라
살포시 고개 숙인 채 말이 없구나
너의 몸을 감싸 안은 부드러운 솜털로
이른 아침 찬 기운을 이겨내면서
벌 나비의 애무도 싫다는 듯
꽃술을 감춘다

매년 한 자리에 다시 찾아와
자색 빛으로 주변을 밝히니
어느 질투심 많은 아낙네가 너를
할미꽃이라 불렀나 보다

참새

참새 여럿이 텅 빈 들판을
열심히 쪼아댄다
아무것도 없는 흙바닥인데
무엇을 먹는 걸까
참새 가족은 재잘재잘 정담을
나누며 여유롭게 즐기더니
어디론가 휘익 날아간다
저렇게 하찮은 곳마다
무리 지어 다니며
아무것도 가진 게 없이
행복할 수 있다니,
많은 것 가진 나는 아직도
행복 찾아 헤매고 있는데

아라연꽃

성산산성 땅 밑에서 어느 고고학자가
찾아낸 칠백 년 전 씨앗 열 개

그 중 하나가 기적처럼 발아하여 피운 것은
고려 불화에만 있던 선홍빛 연꽃

화려하지는 않아도 기품 있는
고려의 여인처럼 해맑은 칠백 살 연꽃

참을 수 없는 시간의 장벽을 뚫고
수면 위에 번진 염화미소

씀바귀꽃

아직은 찬 기운이 어슬렁거리는 봄날
땅 밑에 숨어 있던 잡초들이
스멀스멀 올라와 마당을 어지럽힌다
호미를 단단히 움켜쥐고
하나씩 하나씩 뿌리부터 캐낸다

바로 그때,
손톱간 한 씀바귀꽃
하얀 꽃잎을 날개깃처럼 펼치고서
고양이 눈으로 올려다본다

세상에!
꽃잎 끝자락에 다섯 손가락이
꼼지락꼼지락하고 있다
정오의 햇살을 꼭 끌어 않고서

민달팽이

젖은 아스팔트를 건너간다
곧 닥칠 위험 앞에서도
서두르는 기색 없이,
그렇게 한참을 느릿느릿
가나 싶더니
뿔 달린 머리를 치켜들고
사방을 둘러본다
운이 좋아 건너간다 해도
거긴 숲이 아닌데,
헛된 수고가 안쓰러워

'위험해 어서 돌아가 바보야!'

라고 외치자
맨몸의 민달팽이가 말한다

'넌 안전한 감옥이 그렇게 좋아?'

2부
정情

소리

창가에서 일광욕하던 산사베리아가
하품하는 소리

실구름이 산등성에 걸터앉아
해를 보며
빨리 오라 부르는 소리

게으른 강물이 바다에 이르러
더 있다 가면
안 되겠냐고 떼쓰는 소리

살랑살랑 허리를 흔드는 억새 풀이
소슬바람 유혹하는 소리

벌판에 쌓인 눈이
귀여운 햇살에 간지럼 타는 소리

초저녁 이른 별이 반쪽 달에게
잘 있었냐고
윙크하는 소리

하늘로 가신 아버지가 허허 웃으시며
아들 부르는 소리

이런 소리가 듣고 싶습니다

임종

창백한 얼굴로 가쁜 숨을 몰아쉬는 아버지,
급하게 달려온 의사가 이리저리 살피더니
자연스러운 임종 과정이라 말해준다
그래도 마지막까지 소리는 들리니
무슨 말이든 해보라 한다
'고생하셨어요 쉬세요'
라고 아버지 귓전에 큰 소리로 말했다
잠시 후 거칠던 호흡이 점점 작아지더니
아이가 잠들 듯 평온한 모습이다

그렇게 아버지는 떠나셨다
발밑이 무너져 내리는
하늘이 꺼져 버리는
머리를 세게 맞은 거 같은 순간,
가만히 내 손을 본다
아버지의 손과 많이 닮았다

아버지는
내 피에, 내 살과 뼈에
내 심장에 온전히 살아 계셨다

그날 저녁 눈발이 펄펄 날리더니
화장을 마칠 때까지 멈추지 않았다
이 겨울 처음이자 마지막으로 본 하얀 세상이다

폭죽

봄기운이 눈앞에 아지랑이로 다가올 때
오래된 콘크리트 담장 밑
그늘 한 겹 덮고 있던 작은 목련
꼬옥 움켜쥔 꽃망울을 터뜨리기 위해
마지막 안간힘을 쏟는다
산모의 고통만큼이나 힘겨운 순간
햇살이 그늘을 걷어내자

아,
새하얀 폭죽이 가지마다 펑펑펑
담장은 커다란 액자가 되고
꿀벌은 신이 나서 쌈바춤을 추고
세상은 다시 한번 환해지고
세상은 다시 한번 젊어지고

빈 의자

골목길 후미진 곳에 버려진 의자
혼자 부슬비 맞고 있다
아직은 멀쩡해 보이는데
무슨 사연으로 거기 있나
안락한 거실에서
붐비는 대합실에서
누군가의 휴식이던 너,
울고 있구나
네가 그토록 슬픈 까닭은
영문도 모른 채
버림받았기 때문이겠지
하지만 그 슬픔
오래가지 않을 거야
지금 곁에 아무도 없지만
지친 이가 곧 찾아올 테니
다시 시작할 테니
내가 그랬듯이

5%

조만간 화성에 간다는 인류도

우주에 대해 아는 것이 고작 5%라는데

너는 나를 얼마나 안다고 함부로 말하니?

순수이성비판

거울을 보는 내가 있다
거울을 보는 나는 존재한다
거울을 보는 나를 보는 **나**가 있다
거울을 보는 나를 보는 **나**는 무엇인가
누구는 순수이성이라 하고
누구는 영혼이라 하고
누구는 상상일 거라 한다
거울을 보는 나를 보는 **나**를 보는 나가 있다
거울을 보는 나를 보는 **나**를 보는 **나**는 또 무엇인가

염주 속의 부처

내가 아주 어릴 적에
한 스님이 집 앞에서 탁발을 했다.
아버지는 불자도 아니면서
쌀 한 바가지를 바랑에 넣었다.
스님은 얼굴에 미소 한가득 머금고
호기심 어린 눈으로 바라보던 나에게 물었다.

'부처님이 어디 계신지 아니?'
'몰라요'
'바로 이 염주 속에 계시지'

하고는 염주를 내밀며 보여 주는데
구슬 같은 염주 알에 내 얼굴이 비쳤다.
그때는 스님이
꼬마에게 장난친 줄 알았는데
많은 세월 보내고 나니
그 뜻을 조금은 알 거 같다.

기도

풍경 소리가 귓전에 머물고
게으른 명지바람이 손등을 어루만질 때
서운암 삼천 돌상에 백팔배를 한다
무언의 부처는 비우라 하는데
가득 채워달라 빌고 또 빈다

오르간 반주가 울리는 성당에서
신부님이 복음을 전할 때
무릎 꿇고 두 손 모아 기도한다
예수는 죄짓지 말라 하는데
다음부터는 안 그렇겠다고
벌은 싫으니 용서해 달라고

아, 신앙의 신비여!
종교는 달라도
기도는 한결같다

국어능력평가문제

동사動詞는 사람이나 사물의 움직임을 나타내는
품사品詞이다. 다음 중 동사가 아닌 것은?

①바람 ②소리 ③비 ④사랑

바람은 공기가 움직이는 것이니 동사
소리는 공기의 진동이니 동사
비는 하늘에서 떨어지는 물방울이니 동사
사랑은 마음이 움직일 때 생기니 동사

아무리 생각해도 정답이 없다
그러고 보니 온 세상이 동사였구나

확신 증후군

아래 문항을 읽고 '예' '아니오'로 답하시오.

-코인이나 주식 같은 투기를 좋아한다
-꼰대라는 말을 자주 듣는다
-크고 작은 사기를 당한 적이 있다
-한번 옳다고 믿으면 끝까지 믿는다
-특정 정치 집회에 빠지지 않고 나간다
-불신 지옥 외치며 타인의 소매를 잡은 적이 있다
-외계인이 조만간 지구를 침공할 것이다
-이번 생은 망했다

위의 예시 중에 세 개 이상 '예'라고 답했다면 당신은
확신 증후군이 의심됩니다.
이는 아직 학계에 보고된 적은 없지만 곧 연구
논문이 나올 것으로 보이는 신종 질환입니다.

이 병의 주요 증상은 가슴이 답답하고 두근거리며
쉽게 화를 내기도 하는데 심한 경우 망상이나 환각을
일으켜 대인관계에 지장을 초래할 수도 있습니다.
이병이 의심되는 사람은 아직 마땅한 치료 약이
없으니 각별히 유의하시기 바랍니다.

사바사나

가장 쉬워 보이지만 가장 늦게 해야 하는

힘이 들수록 빨리하고 싶어지는

누구나 할 수 있지만 아무나 느낄 수 없는

타인의 도움 없이 혼자서 해야 하는

요령이나 잔꾀는 통하지 않는

힘을 쓰는 게 아니라 힘을 빼야 하는

어쩌면 이 맛 때문에 하는지도 모르는

그렇다고 이것만 할 수도 없는

사바사나*

*사바사나 ; 누워서 온몸을 이완시키는 요가 동작.

참선

새벽녘에 자리에서 일어나
컴퓨터 앞에 앉아 전원을 켜고
'득템'이라는 화두를 붙든다
사바세계의 번뇌를 내려놓고
미륵보살의 대승을 펼치기 위한
동안거冬安居의 시작이다

색즉시공 공즉시색
목탁 대신 키보드를 두드리며
잠자리에 들 때까지 문밖에 나서지 않으니
탐진치貪瞋痴를 떨쳐내려는 면벽수행이다

모니터 화면은 미망迷妄의 세계
거기엔 '참나'가 없나니
제행무상 제법무아
깨달음을 얻어 해탈의 경지에 오를 때까지
용맹정진은 덤출 줄 모른다

상처

그동안 당신은 내게 하지 말아야 할 말을
참 많이도 했습니다

당신이 툭툭 던진 거친 말의 파편이 제
가슴에 깊은 상처를 남겼습니다

이제 와 그 상흔을 지우기는 어렵겠지만
더 이상 상처받지 않으렵니다

아무리 당신이 험한 말을 한다 해도
마음에 두지 않으렵니다

비에 젖지 않는 허공처럼 아무것도
담아두지 않으렵니다

그렇니 이제 제발 아무 말이나 해보세요

풍화 작용

숨쉬기조차 버거운 늦여름의 열기가
산들바람에 잠시 자리를 내어준 아침
공원에 사람들이 여기저기 보인다

시간의 매몰찬 풍화 작용 때문일까
미간이 골짜기처럼 깊게 파인 노인
굽은 허리를 펴려 애쓰다 벤치에 등을 기댄다
다시 일어나 두 팔을 올려 보지만
표정은 여전히 얼음이다

고사리손으로 과자 봉지를 움켜쥔 아이
노인을 보며 성글생글 웃는다
아이의 미소에 놀라 엉겁결에 따라 웃는 노인
노인의 머리에 가득 차 있던 과거가
햇살 맞은 고드름처럼 투두둑 떨어진다

득도

어릴 적에 옆집 아이 따라 간 영어 유치원
엄마에게 믿음의 신세계가 펼쳐졌다
수학 태권도 논술 피아노 코딩…
시간이 갈수록 끝없이 이어지는 고행
부족한 잠은 교실에서 해결하고
사교육비는 하늘을 찌르고
성적은 넙치처럼 바닥에 붙어 있고
엄마의 분노는 극에 달하고
학원 쌤의 염불은 멈추지 않고
마침내 대망의 고삼,
수포 국포 영포 과포 그리고 대포
십여 년간 배운 거라곤 포기의 기술
스무 살 되기 전에 쓴맛을 보니
마침내 득도의 경지에 오른다

욕망을 내려놓고
근심도 사라지고
'지금 여기'만 있을 뿐

궁합

아침부터 식칼이 도마를 내리친다
날카로운 칼날이 대릴 때마다 도마의
살점은 뜯겨 나간다
고성이 사방에 울린다
도마가 속절없이 당하는 것 같지만
칼날 또한 빠르게 무디어진다
움푹 팬 몸통은 인고의 시간을 견딘 흔적
하지만 칼질은 멈추지 않는다
죽기만큼 싫어도
몸이 부서져도
함께 있어야 하는 존재여,
끝내 헤어지지 못할 운명이라면
그저 서로 위로하며 끌어안을 수밖에

우연

빅뱅으로 우주가 열리고
거기에 먼지보다 작은 지구가 생기고
그곳에 별만큼 많은 생명이 숨쉬고
그중에 존재를 생각하는 인간이 있다

이 모든 것이 우연이라면
우연은 언제일지는 모르지만
언젠가는 일어나는 필연적 사건이다

우연이 만든 사건의 무한 반복 중에서
우연히 어떤 사건 하나 때문에
태어나고
만나고 헤어지고
웃고 울고

지식

머리로 배운 것은 수시로 변하지만
가슴으로 배우면 변하지 않아요

머리로 배운 것은 쉽게 잊히지만
가슴으로 배우면 내 안에 있어요

머리로 배운 것은 속일 수 있지만
가슴으로 배우면 속이지 못해요

머리로 배운 것은 말로 그치기 쉽지만
가슴으로 배우면 행동으로 나타나요

머리로 배우다 보니
한참 지난 후에 알게 되었어요
아는 게 별로 없다는걸

가출

부슬부슬 비 내리는 어느 날
집에 우산이 보이지 않는다
가장 어두운 곳에 놓여 있었는데
감쪽같이 사라진 것이다
평소에는 본체만체하더니
비 올 때만 찾는 내가 미웠나
아무런 말도 없이 나가서는
돌아오지 않는다

미안하다
미처 알아주지 못해서
너도 때로는 눈부신 햇살이
미치도록 그립다는 것을

3부
休休

엄마 밥상

지친 몸으로 일터에서 돌아오면
허기진 배가 먼저 소리를 낸다.
숨 돌릴 틈도 없이 식탁에 앉아
정갈하게 차려진 음식을 본다.
허겁지겁 밥 한술 뜨는 사이
따끈한 소고깃국을 내어주시는
엄마의 주름진 손등이 떨린다.
준비가 늦어 미안하다는 표정으로
'많이 먹어라' 하신다.

급하게 밥을 뜨는 게 아니었는데,

이제는 내가 차린 음식을 맛있게 드시는 엄마
오늘도 어김없이 '많이 먹어라' 하신다.

시 조리법

먼저 노트와 연필을 꺼내어 책상 위에
보기 좋게 놓으세요
노트북이나 컴퓨터도 좋아요

사랑 한 큰술 추억 반 큰술 그리움 한 큰술
희망 두 큰술로 양념장을 만드세요

단어 일 리터에 준비된 양념장을 넣은 후
비유와 운율을 섞어 가슴에서 올라오는
강불로 끓이세요

중불에서 눈물로 간을 한 후
마지막에 송송 썬 웃음을 넣고
마침표로 마무리하세요

어때요?
맛있는 시 한 그릇이 완성되었습니다

송년회

커피를 감싸고 창밖을 보니
가지 잘린 가로수들이 늘어서 있다.
사람들이 분주하게 오가는 인도로
오토바이가 비집고 들어간다.
올해도 어김없이 찾아온 송년회,
절반의 반가움과 절반의 의무감으로
약속 장소로 향한다.
하는 일은 잘 되는지
아이들은 잘 크는지
건강은 괜찮은지
노후 준비는 어떻게 하는지
궁금한 게 많은 중년들의 수다
밤이 깊도록 그칠 줄 모른다.
어느덧 술도 안주도 말거리도 떨어지고
식당 주인이 눈치를 주기 시작하자
하나둘씩 자리를 떠난다.
그다지 즐겁지도
그다지 취하지도 않은 채
약간의 아쉬움과
약간의 안도감을 남긴 채

터벅터벅 지하철로 향하는데
구세군의 핸드벨 소리가
유난히 크게 울린다.

청첩장

새해 벽두에 문자를 받았다.
자녀의 결혼을 알리는 모바일 청첩장이다.
졸업 후 본 적 없어 얼굴도 가물가물한
친구인데 왠지 씁쓸하다.
내 나이를 확인시켜 주는 거 같기도 하고
무슨 고지서 같기도 하고,
더구나 우리 애는 확고한 비혼주의다.
그래도 이왕 받은 거 소액이라도 보내줄
양으로 청첩장을 열었다.
예복을 차려입은 청춘 남녀가 다정스레
웃는 모습이 마치 연예인 같다.
인생에 가장 아름다운 순간이라 그런가
더없이 행복해 보인다.
내 결혼사진도 이렇게 찍으면 좋았을 텐데,
아쉬움이 든다.
청첩장에 혼주 계좌번호가 없다.
작은 결혼식이란다.
잠시나마 나의 경솔함이 부끄러웠다.
그저 잘 키운 자식이 자랑스러워
주변에 알리고 싶었던 거다.

충분히 자랑할 만하다.
요즘 같은 시대에는,
또래 혼주 첫첩장이 새해부터
이런저런 생각을 하게 한다.

그늘

석양이 담장을 베고 평상에 누웠다

밭에서 돌아온 할머니도 그 위에 누웠다

둘 다 행복해 보인다

빨래하고 싶다

눈부신 봄날 오후
시냇물 위에 떨어진 햇살이
은빛으로 반짝일 때
중년의 부인들이
종종 걸으며 지나간다
자식들 다 키워내고
이제야 여유로운
시간을 보내는 모양이다
그때 한 여인이
"물이 참 예브네. 빨래하고 싶다!"
라며 탄성을 지른다
순간, 내 머리에 머문 한마디 말
빨래하고 싶다니…
여인은 분명
가족 뒷바라지가 자기 삶의
전부였을 것이다
취미도 여행도 낭만도 모두
사치였을 것이다
그래서 그렇게 말했을 것이다
고단한 삶을 들추어낸 개울이
오늘따라 야속해 보인다

시든 사과

냉장고 구석에
사과 하나 숨어 있다
쪼글쪼글 볼품없어 한 귀퉁이로
밀려나 있었던 것이다
멍들고 썩은 부분은 칼로 도려내고
두터워진 껍질을 벗기니
아직 속살이 하얗다
먹기 좋게 한입 크기로 자른 후에
가지런히 접시에 담아
작은 조각 하나 입에 넣었다
아삭하게 씹히는 감이 아직 남아 있다
새콤달콤한 과즙의 풍미는 아니지만
달달한 맛이 나쁘지 않다
시들었다고 다 맛없는 건 아니다

불견증

방안은 아직도 새하얀 어둠이다
잠자리에 든 지 한참이 지났건만
초침은 쉬지 않고 존재를 알린다
그리고 얼마나 지났을까
반가운 사람이 옛 모습으로 다가온다
깜짝 놀라 얼떨결에 눈이 떠진다
다시 눈을 감고 희미해지는
얼굴을 쫓아간다
올라온 의식이 봄비 먹은
잡초처럼 번진다
해묵은 요통이 또다시
심술을 부리는 사이
창밖으로 청소차 경보음이 들리고
먼동은 커튼을 하얗게 적시고
시곗바늘은 기지개를 켠다
알람 시간까지 삼십 분 남았다
다행이다

현대시

나는 쉽지 않아
네가 아무리 나를 알아내려 해도
나를 통해 감동의 쾌감을 맛보려 해도
난 쉽게 내 속을 보여주지 않아
보고 또 보고 수십 번을 보아도
이해하기 어려운 게 나야

나는 쉽지 않아
낯선 어휘와 화려한 수사와
철학적 관념으로 무장하고
과감한 생략을 동원했으니
그런 나를 읽고 감동받기는
칸딘스키의 그림보다 어려울 거야
당황하는 네 표정을 보면서
나는 웃고 있지

나는 쉽지 않아
수많은 평론가들이 날 분석하고
이해하려 애써 보지만
아무도 날 쉽게 설명할 수 없어

차라리 니체의 글이 쉬울지도 몰라
마침내 지쳐버린 네 모습을 보면서
나는 웃고 있지

나는 쉽지 않아
세상엔 쉬운 게 없다는 걸 넌 깨달은 거야
그리고 시집을 집어던지겠지
너는 스스로 구지하다 여기겠지
하지만 그건 구지 때문이 아니야
사실 나도 내가 뭘 말하려는지
모를 때가 있거든
시란 그런 거야
사는 게 그렇듯이
그래서 웃고 있는 거야

수영장

옷을 입고 만나면
어색해하는 사람들이 모이는 곳

음파. 음파.
접. 배. 평. 자.

오십 미터 레인을 몇 바퀴 돌다 보면
금세 숨이 차오른다
일 번 몸짱 회원님은 한참을 앞서가고
옆 레인 누님들은 인어처럼 빠르다
빨리 쫓아가려고 욕심을 부렸더니
어깨에 탈이 났다
의사는 수영하지 말라 했지만
다시 물속으로 첨벙,
아직 뒤에 서너 명이 따라온다

땅에서 느끼지 못하는 쾌감
통증마저 잊게 한 물과의 포옹
잘하는 것 말고 오래 하는 것이 목표다

통증

통증은 지친 몸이 외치는 파업 투쟁인가
녹슨 철문처럼 뻑뻑한 목덜미
어깨와 팔꿈치는 욱신욱신
물리치료도 진통제도 이젠 듣질 않는다
뜨거워진 세포들은 관절에
염증으로 바리케이드를 치고
인대는 돌처럼 딱딱하다
토닥토닥 어깨를 두드리며 더는
연장근로 안 시키겠다고 달래보지만
집단 파업은 멈추지 않는다
협상으로 해결하기엔 너무 멀리 와버렸나
타협점을 찾을 수가 없다
진작에 원하는 대로 해줄 것을

전업주부

남편이 먼저 회사를 그만두었다.
전업주부 하겠다며,
처음엔 요리학원도 다니고
요리책도 보며 이것저것 만들어 보지만
아이들이 찾는 건 여전히 배달 음식이다.
청소며 빨래며 집안일은 엄벙덤벙하면서
그림 그리겠다 댄스 배우겠다
취미 생활은 진심이다.
휴일에 모처럼 집에서 쉬려면
자기는 휴일도 없다는 둥
아이들이 말을 안 듣는다는 둥
집안일 아무리 해도 보람이 없다는 둥
여행 가본 지 십 년이 넘었다는 둥
생활비가 모자란다는 둥
말 폭탄을 쏟아낸다.

아,
갈대처럼 흔들거리는 이 남자에게
전업주부는 힘겨운 도전이다.

골프장

인적 없는 산골에 어느 날
널찍한 아스팔트 도로가 뚫리고
산자락이 통째로 잘려 나가고
커다란 건물이 들어서더니
고급 승용차가 쉴 새 없이 들락거린다
이곳에 오는 사람들은
푸른 하늘과 초록빛 잔디를 향해
굿샷을 외친다

그런데,
수풀에서 까불대던 잠자리가 보이지 않고
물웅덩이 개구리 울음도 들리지 않고
나무 위 매미 소리도 들리지 않고
개울가 버들치도 사라졌다
참나리는 이 사실을 아는지 모르는지
혼자서 계면스레 웃고 있다
어둠이 내리고 능선 위 조명탑이
대낮처럼 불을 밝힌다
산골은 여전히 묘지처럼 적막하다

모둠회

삼만 원짜리 모둠회가 반값이란다.
누가 가져갈까 얼른 집어 들었다.
마른반찬뿐이던 저녁 밥상에 모처럼 올라온
우럭 광어 연어
싱싱한 속살이 군침을 돌게 한다.

"어서 드세요. 엄마가 좋아하는 회에요."
"너나 어서 먹어. 난 남은 반찬 먼저 먹어야 해."

엄마는 설피게 눈길을 돌려
전날 먹다 먹다 남은 반찬만 뒤적이신다.
그렇게 서로 미루다 고스란히 남겨진 회 한 접시,
다음날 다시 밥상에 오르자

"남은 반찬 먼저 먹어야지."

라고 하시며 맛있게 드신다.
어제 그 맛이 아닌데도

시작詩作

연자매 돌리는 눈먼 말처럼*
글 기둥 하나 붙들고 반평생을
씨름하던 노브인도 있었는데
뒤늦게 시인 흉내 내며
펜을 끄적인다
선문답禪問答에 넋두리에
온갖 미사여구를 남발해 놓고
사뭇 비장한 표정이다
어느 날엔 갑자기 시마詩魔가 왔다며
휘갈겨 쓴 글 덩이 앞에서
마냥 즐거워한다
아, 세상에 시가 그렇게 쉽게 써진다면
그 많은 시인들이 왜 밤잠을 설치겠는가
이 주체할 수 없는 나르시시즘이여!

*박경리 시에서 인용

권예식

백 송이 국화에 둘러싸인 사진
백 년하고 십 년을 더 살다 가신
외할머니의 영정 사진이다

향연香煙이 몸을 비틀다 사라진다
어릴 적 외가댁 초가집의 호롱불 밑에서
조곤조곤 들려주시던 옛날이야기를 떠오르게 한다

'떡 하나 주면 안 잡아먹지…'

반백의 손자들은 모두 할머니의 품에서 자랐고
증손마저 환한 미소로 안아 주셨다
칠순이 훌쩍 넘은 자식들은 냉기 흐르는 영안실에서
마른 눈물을 닦고 있다
박경리 소설의 여인처럼 사셨던 가녀린 육신은
이제 곧 재가 될 것이다

아무도 불러준 적 없던 이름만 남긴 채,
권
예

식
아무도 불러준 적 없던 이름
권
예
식

산책

파랗게 깊어진 하늘이 고와
모처럼 나선 길에

어깨 위 묵은 시름이
바람에 훌훌 날리는데

아까부터 조각구름 하나
졸졸 따라오고

타임머신

장롱 한가득 쌓여 있는 옷가지,
오랫동안 안 입은 옷은
이제 버려야 한다

친구 만날 때 즐겨 입던 청바지
면접시험에 입고 간 순모 양복
해외여행 가서 산 브랜드 티셔츠
결혼 선물로 받은 캐시미어 코트…

이미 색은 바랬지만
입을만한 것 추리다 보니
버린 것은 겨우
속옷 몇 벌,
옷장 속은 달라진 게 없다
해가 바뀔 때마다
이런 짓을 반복하다니,
어쩌면 나도 저장 강박증일까?

아마 그런지도 모르겠다
옷장이 추억의 앨범인지도
헌옷이 타임머신인지도

허세

어떤 이에게 자유란
하고 싶은 것을 하는 것이고
또 어떤 이에게 자유란
싫은 것을 하지 않는 것이다
자본주의가 꽃피운 자유는
있는 자에게 더 많은 자유를
없는 자에게 혹독한 노동을 주었다
그러니 누구든
자유를 함부로 말하지 마라!
그 자유는 분명 누군가의 피땀이니,
진정 자유롭고 싶다면
자유의 가면을 쓴 탐욕을 버리고
저항하는 용기로 무장하라
있는 자는 끝없는 욕망에
없는 자는 부의 횡포에

라고 쓴 시를 아내에게 보여주자
아내의 뼈있는 한마디,

"어디서 베낀 글을 삼팔육 운동권처럼 썼네."

반도네온

부에노스아이레스의 어스름한 골목길
작업을 끝낸 부두 노동자들
땀에 절은 몸으로 하나둘 모여든다

흔들리는 백열등 아래
귓속을 파고드는 반도네온의 선율
더블베이스의 저음을 끌어안고
허름한 밀롱가를 채운다
네 박자에 올라탄 두 다리가 넷이 되어
갈대 풀처럼 흐느적거린다

잠시라도 잊고 싶은 현실
밤새드록 느끼고 싶은 사랑

끊길 듯 이어지는 악마의 유혹에
내일이 없는 하류 인생의 간절한 기도는
마지막 남은 욕망이 재가 될 때까지
멈출 줄 모른다

*반도네온 ; 탱고에 주로 사용하는 아코디언과 비슷한 악기

출발

답답한 퇴근길
차량들로 가득 찬 십차선 도로
무심히 켠 라디오에서 흘러나오는
추억의 멜로디

'하루하루 내가 무얼 하나 곰곰이 생각해 보니
거진 엇비슷한 의식주로 나는 만족하더군
은근히 자라난 나의 손톱을 보니
난 뭔가 달라져 가고
…
그래 멀리 떠나자
외로움을 지워보자
그래 멀리 떠나자
그리움을 만나보자'

조동익의 담백한 목소리에 실린 30년 전
노랫말이 처음으로 선명하게 들린다
붉게 물든 차들의 뒷모습이 오늘은
미워 보이지 않는다

시 사랑

꿈에도 몰랐습니다
당신을 좋아하게 될 줄은

아무런 눈길도 주지 않고
그저 먼 발치서 모른 체하던 당신이
어느 날 갑자기 내게 안겼습니다

보고 또 보고
당신과 함께 있는 동안은
엄마 품처럼 편했습니다

그리고 종이에 쓰기 시작했습니다
아무도 모르는 나만의 사랑을

꿈에도 몰랐습니다
당신을 좋아하게 될 줄은

너와 나 그리고 나

지금의 나는 온전히 나인가
내 안의 나는 희미하고
너는 선명하다

네가 없다면 내가 있을까
너 없는 내가 진정 나일까

네가 아는 나는 내가 아닌데
내가 아는 너는 너인가

예전의 나는 지금의 내가 아닌데
미래의 나는 과연 나일까

나의 너와 너의 나는
그렇게 서로 마주 본다

4부
몽夢

심장

귀를 기울여도 들리지 않는
가슴에 손을 얹어야 겨우 들리는
미세한 진동
콩 콩 콩

그런데 어느 날
쿵덕 쿵덕 쿵덕
심장이 요동을 친다
막 잡아 올린 잉어처럼

바로 당신이
차갑던 심장에 기름을 부어
뜨겁게 뜨겁게 달군 범인

바로 당신이
굳게 닫혀있던 심장을 열고
들어간 진짜 주인

나는 그저
시키는 대로 움직이는 로봇

기억의 무게

매일매일 쌓여만 가는 기억들

발밑에 있다면 디딤돌일 테지만
머리 위에 있어 무겁게 짓누른다

그 무게를 감당하지 못해
옴짝달싹 못 하는 여린 영혼

내 안의 아이는 답답하다며
종일토록 울고 있다

벽

찢어진 당초 무늬 벽지 틈으로
회색 속살이 드러난 단칸방에
네 식구가 나란히 누우면 구석진
자리는 항상 나의 차지다.
동생 몸 닿는 게 싫어서 벽으로
바짝 붙으니
차가운 시멘트벽이 슬그머니
귓속말을 건넨다.
'넌 커서 뭐가 되고 싶니?'
'뭐 하며 놀 때가 가장 재미있니?'
답이라도 하듯 요 밑에 숨겨둔
크레용으로 그림을 그린다.
벽면은 금세 반구대 암각화처럼
어지럽게 변한다.
벽에서 스미는 시멘트 냄새
스르르 눈이 감긴다.
'오늘 밤은 무슨 꿈을 꿀까?'
한껏 기대하며 잠에 빠진다.

시계

동그라미 속에
바늘 삼 형제가 산다
막내가 째깍째깍 뛰어갈 때
키다리 둘째는 갈 듯 말 듯 망설이고
맏형은 뒤에서 한창 졸고 있다
현재는 항상 막내와 같이 있고
미래는 그 앞에서 기다리고
미래 앞에는 과거가 있다
직선처럼 흘러가는 시간이라지만
시계 속에선 빙글빙글 돈다
눈뜨면 제일 먼저 마주치는 너는
하루에도 수십 번 눈길 주는데
냉정하게 빨리하라 재촉만 해댄다

사랑할수록

사랑할수록 천천히 다가서고
사랑할수록 조금만 바라고
사랑할수록 용서해 주고
사랑할수록 혼자 있게 해줘야지

감당할 수 있을 만큼
힘들어하지 않을 만큼 사랑해야지
불같은 사랑 말고
일방적인 사랑 말고

사랑의 감정을 고이고이 접어서
가슴에 넣었다가 살짝살짝 꺼내야지
오래오래 같이 가야지
오래오래 행복해야지

별 2

별들이 아름다운 것은
어둠 속에 흩어져 있다고
불평하지 않기 때문입니다

별들이 아름다운 것은
밤새도록 깨어 있기 때문입니다

별들이 아름다운 것은
처연히 스러지는 별똥별마저도
슬퍼 보이지 않기 때문입니다

별들이 아름다운 것은
멀리 떨어져 있어도
서로를 보듬어주기 때문입니다

그리고
당신이 아름다운 것은
당신의 가슴에 별들이 한가득
들어 있기 때문입니다

외톨이

혼자 있기 싫어서
쓸쓸해 보이기 싫어서
외톨이가 되고 싶지 않아서
속 마음을 숨겨야 했어

잘 알고 있어
외로움은 채워지지 않는다는 것을
좋아하는 사람들과 함께 있어도
때로는 외롭다는 것을

잘 알고 있어
살다 보면 원하든 원하지 않든
혼자여야 할 때가 있다는 것을

잘 알고 있어
혼자여야 돌보지 못했던
그래서 많이 아파하던
나와 마주할 수 있다는 것을

혼자여야 내 안에 웅크리고 있는

아이를 만날 수 있다는 것을

진짜 외톨이는
내 안의 아이라는 것을

통

사람은 누구나
통이 하나씩 있다
통이 크면
많이 담을 수 있어 좋다
심지어 남도 들어간다
누구나 큰 통을 원하지만
대부분 작은 통에 산다
통이 작으니
아무것도 담지 못하고
혼자 웅크린 채
가만히 있어야 한다
밖을 보지도 못하고
소리를 듣지도 못하는
통은 불통이다
불통 안에 사는 사람은
심통만 부리다 끝내
고집불통이 된다

과잉 시대

서울에서 차로 몇 시간 가면
한적한 시골에 집 한 채 덜렁 있다
홀로 찾는 이곳은 해가 떨어지면
풀벌레 소리만 들린다
밤이 깊어지고 귀뚜리도 잠이 들자
나와 밤하늘과 어둠만 남았다

빛도
소리도
맛도
냄새도
촉감도
생각도

無

모든 것이 과잉인 시대에
누리는 나만의 사치다

자화상

문득 거울을 보니
희끗희끗 가늘어진 머리카락이
힘겹게 두피를 움켜쥔
미간 주름이
계곡처럼 깊게 파인
중력에 항복한 이목구비가
꼬리를 내린
낯선 중년이 있다
세월은 허락도 없이 얼굴을 훔쳤다
차근차근 애정을 갖고 다시 본다
쓸쓸해 보인다
자주 거울을 봐야겠다
더는 훔쳐가지 못하게

설렘

설렘은 상상이 만든 불꽃
기쁨이 성냥개비라면
두려움은 불을 지피는 적린赤燐
둘이 만나야 피는 불꽃

설렘은 상상이 만든 파도
기쁨의 바다 위에 두려움의 바람이
일으킨 귀여운 파도

설렘은 리얼티즘이 아닌 로맨티시즘
마음속 아이가 준 선물

겨울이 오고 하늘하늘 내리는
눈송이를 보아도 설레지 않는다면
두 감정이 섞이지 않아 그런 것이다

기쁨이 커지면 황홀이고
두려움이 커져 공포가 되지만
기쁨에 두려움을 살짝 얹어야
설렘인 것을

들국화처럼

슬퍼 마세요
지금 초라해 보일지라도

이른 봄부터 온갖 꽃들이 뽐내는 동안
풀숲에 잡초처럼 웅크리고 있다가
초목이 빛깔을 잃어갈 즈음
홀연히 나타나는 들국화처럼
피어날 테니까요

빨리 피지 않는다고
요란 떠는 꿀벌의 성화에도
아무도 보는 이 없는
춥고 쓸쓸한 계절이 와도
조급해하지 않는 들국화처럼
피어날 테니까요

그날이 오면
화려함을 뽐내던 꽃과 나무는
흔적만 남긴 채 사라지고
오로지 당신만이 짙푸른 하늘 아래

웃고 있을 테니까요

슬퍼 마세요
지금 초라해 보일지라도

가장 외로운 순간

풀벌레도 울다 지쳐 잠든 밤

잎을 잃은 배롱나무에 기대어 선

달빛 그림자마저 나를 등지고 있을 때

입금했지?

아내가 입금하라고 준 돈을
어젯밤에 모처럼 만난 친구들과 술 먹느라
홀라당 써버렸다.
뭐라고 변명해야 할지 고민하던 차에
노모가 다리 아프다 하시길래
"엄마도 이제 요양원 가셔야겠네?"
순간 모친의 표정이 돌처럼 굳어지더니
"에그, 늙으면 죽어야 하는데 죽지도 않네."
하시며 거칠게 방문을 닫는다.
그때 온종일 탕에서 게임 하던 아들 녀석
부스스한 얼굴로 두통약 달라 소리 지른다.
순간 병원에서 처방받은 진통 소염제를 아침에
먹었는지 안 먹었는지 생각이 나지 않는다.
약봉지를 들고 기억을 더듬는 사이,
현관문을 열고 급하게 들어오는 아내의
한마디에 얼음이 된다.

"입금했지?"

첫사랑

그때 너는 열두 살 소녀였어
하얀 피부에 까만 머릿결에
검은 뿔테안경이 잘 어울리는
키도 크고 공부도 잘하는 이층집 외동딸,
그런 네가 눈길을 주기 시작했어
공부도 못하고 키도 작고 가난한 집 아들한테,
눈이 마주치면 너는 황급히 고개를 돌렸어
내 가슴은 콩닥콩닥 뛰기 시작했어
그 후로 통 잠을 이룰 수 없었어
용기를 내어 너에게 말을 걸었어
그렇게 우린 조금씩 가까워졌고
너의 눈길을 놓치고 싶지 않아서
개구쟁이 짓도 많이 했어
그렇다 운 좋게 너의 짝꿍이 되었어
날마다 학교 가는 길이 행복했어
나의 장난에 너는 깔깔 웃었어
난 그런 너를 바라보기만 했고,
그러나 행복은 길지 않았어
너무 떠든다고 선생님께 혼쭐이 났어
심지어 너와 멀리 떨어져 앉아야 했어

그 후로 너에게 말을 걸지 못했어
좋아한다는 말도 끝내 하지 못했어
상처받을까 두려웠던 거지
다음 해 우린 반이 갈리고 말았어
가끔 등굣길에 보는 게 전부였어
속마음을 전하지 못한 내가 미웠어
졸업하고 너를 다시 볼 수 없었어
동창회에서도 너의 소식을 듣지 못했어
너의 어릴 적 모습,
그대를 생각하면 아직도 가슴이 뛰어
널 만난다면 이 말을 꼭 전해주고 싶어

'날 기억 못해도 상관없어
좋은 추억 갖게 해줘서 고마워'

기다림

버스를 기다린다
오늘은 일찍 오려나?
오 분 안에 올 때도 있다
운이 좋다면 말이다
이십 분이 지나자 초조해진다
왜 늦는 걸까?
사고 났나?
지하철 탈까?
아니다
조금만 더 기다려보자
삼십 분이 지났다
화가 올라온다
다른 버스는 계속 오는데,
교통체증 때문은 아니다
이렇게 늦은 적이 없었다
기다리는 사람들이 늘어나고
방금 온 사람은 아무것도 모르는지
평온한 얼굴이다
다리가 아프다
배가 고프다

이젠 화낼 기운조차 없다
심호흡을 해본다
오십 분이 지났다
이렇게 오래 기다릴 거라곤 상상도 못했다
내가 미워진다
더는 못 기다리겠다
먼저 오는 버스에 무작정 올라탔다
한 번 갈아타야 하지만 어쩔 수 없다
한 시간 넘게 기다린 게 후회스럽다
바로 그때, 기다리던 버스가 온다

눈이 떠졌다
같은 꿈이 반복된다
예전 나쁜 경험 때문인지
아니면 스트레스 때문인지

사랑 빼기

라이너 마리아 릴케가 그러더군

사랑 시를 쓰지 말라고

너무 흔하고 평범한 것은 피하라고

이미 훌륭하고 탁월한 작품이 산더미라고

그런데,

사랑 빼고 시를 쓰려니

빙판 위에 우두커니 서 있는 두루미처럼 막막하더군

사랑 빼고 시를 쓰려니

구르몽의 시

뙤약볕을 이겨낸 황금 들녘이
멘델스존의 고향곡처럼 가슴을 울린다면

사각사각 거리의 낙엽 밟는 소리가
구르몽의 시처럼 귓가에 맴돈다면

인적 없는 산골에 수북이 쌓인 눈이
샤갈의 작품처럼 아름답게 보인다면

혼자만 즐기세요
남들이 알아채지 못하게
그것이 누구에겐 눈물일지도 모르니

꽃길

공원 산책로에 늘어선 왕벚나무
바람 붓을 들더니 쇠라의 점묘법으로
꽃길을 그리기 시작한다
그 길 따라 사부작사부작 걸어가니
길섶 개나리가 기다렸다는 듯
늘어뜨린 가지를 노랑노랑 흔들며
신나게 트위스트를 춘다

어라,
갑작스러운 환대에 심장이 콩닥콩닥
아무것도 해준 게 없는데
그저 이 길 따라 걷고 있을 뿐인데
이제야 비로소 마주친 나의
착한 동네 친구들

모닝 커피

이른 아침
커튼을 비집고 들어온 햇살의 장난
푸시시 눈을 뜨니 옆자리가 겨울 벌판이다
오늘도 아내는 새벽같이 나갔다
늘어진 몸이 바위처럼 무겁다
습관적으로 드리퍼에 커피 가루를 넣고
끓인 물을 부으니 진한 향이
콧속으로 빨려든다
몇 해 전부터 속쓰림을 참으며
조금씩 마셨는데 이젠 빈속에
마셔도 아프지 않다
잔 손에 비친 얼굴을 빤히 들여다본다
십 년 전 사진처럼 보여 종종 그런다
스멀스멀 올라오는 열기가
얼굴을 쓰다듬는다
한 모금 마시자 쌉싸름한 맛이
온몸으로 스민다
지난밤 외로움이 눈 녹듯 사라진다

■해설

명징한 서정으로 포착한 삶의 현주소

박 몽 구
(시인·문학평론가)

　최근 우리 시를 둘러싼 흐름 가운데 하나는 현란한 수사, 지리한 수사로 가득한 난해시로부터 벗어나고자 하는 시도들이 이어지고 있다는 것이다. 개중에는 독자를 외면하는 어려운 소재와 주제로부터 벗어나려는 시도들도 있고, 고루한 서정에서 벗어나 매우 간결한 형식을 취하는 극서정시를 주장하는 목소리도 있다. 한편으로 서정시를 창작하되 개인적인 감상感傷에서 벗어나 함께 살아가는 세상사를 시 속에 담으려는 노력도 잇따르고 있다.
　이번 서창록의 시집에서 우리가 만날 수 있는 것도 이 같은 현대시 혁신 노력의 하나이다. 그는 독자들이 좀처럼 이해하기 어려운 난해한 시적 기법을 말끔히 벗어버린 서정시 중심의 시세계를 펼치고 있다. 그는 개인적인 감회 중심의 주제도다는 우리 시대를 살고 있는 사람이라면 누구나 겪게 마련인 사회적 현상을 그의 그릇에 녹여내고 있다. 그는 그 같은 주제를 목소리를 높여 말하기보다 일상적 소재와 사물들을 빌어 차분하게 풀어낸다. 나아가 그것들을 명징한 이미지를 통해 담아내는 전략을 구사하고 있다. 그 같은 노력을 통해 서정시의 본령인 개인적이면서 범사회적인 목소리를 끌어내려는 노력을 집요하게 기울이고 있다.

> 골목길 후미진 곳에 버려진 의자
> 혼자 부슬비 맞고 있다
> 아직은 멀쩡해 보이는데
> 무슨 사연으로 거기 있나
> 안락한 거실에서
> 붐비는 대합실에서
> 누군가의 휴식이던 너,
> 울고 있구나
> 니가 그토록 슬픈 까닭은
> 영문도 모른 채
> 버림받았기 때문이겠지
> 하지만 그 슬픔
> 오래가지 않을 거야
> 지금 곁에 아무도 없지만
> 지친 이가 곧 찾아올 테니
> 다시 시작할 테니
> 내가 그랬듯이
>
> ―「빈 의자」 전문

시인이 일상에서 만난 작은 풍경을 소재로 삼고 있는 작품이다. 화자의 시선이 향하고 있는 '의자'는 한 사회의 구성원이면 각고의 노력 끝에 차지하게 되는 공간을 제유한다. 누군가에는 단순히 몸을 맡길 수 있는 자리를 넘어 여유롭고 안락한 공간이지만, 그렇지 못한 사람들에게는 고된 노동에 따르는 피로를 풀기에 너무나 비좁은 지점에 불과할 뿐이다. 어떤 사람들에게는 그나마 그 작은 자리 하나를 차지한다는 것 자체가 매우 어려운 일이 되고 있다.

　화자는 첫 대목에 '골목길 후미진 곳에 버려진 의자/ 혼자 부슬비 맞고 있다'는 시적 드라마를 제시함으로써 누군가 열심히 일한 대가로 얻은 의자가 푸대접받고 있는 상황을 환기하고 있다. 이어지는 대목에서 '아직은 멀쩡해 보이는데/ 무슨 사연으로 거기 있나'라는 물음을 던짐으로써 인간적인 가치가 존중받지 못하는 가운데 오직 쓸모가 있느냐 없느냐의 여부가 존재를 결정한다는 점을 귀띔하고 있다. 이것은 단순히 사물로의 의자에 대한 묘사를 넘어 요즘 우리 사회의 소홀한 사람대접을 지적하고 있다. 화자는 전개 부분에 '안락한 거실에서/ 붐비는 대합실에서/ 누군가의 휴식이던 너,/ 울고 있구나'라는 대목을 통하여 한때 쓸모가 있을 경우에는 사랑을 받다가 낡거나 고장 따위로 용도가 폐기된 때에는 여지없이 버림받게 되고 마는 현실을 그리고 있다. '영문도 모른 채 버림받았'다는 것은 이익과 효율만이 우선인 후기 자본주의 사회의 일그러진 모습이다.

　화자는 결구를 통해 '그 슬픔/ 오래가지 않을 거야/ 지금 곁에 아무도 없지만/ 지친 이가 곧 찾아올' 거야라고 말함으로써, 단순한 쓸모에 따라서 사람마저 도구로 사용되는 세상을 넘어, 인간적인 것이 존중되면서 함께 어울려 살아가는 세상이 반드시 올 것이라는 믿음을 펼쳐 보인다. '의자'라는 상징 시어를 사물 언어로 하여 인간다움이 사라진 요즈음 세태를 지적하면서, 그를 넘어 적재적소에 어울리는 사람살이가 존재한다는 사유를 설득력 있게 담지한 작품이다.

서정시, 이웃과 세계를 담는 그릇이 되다

서창록 시의 바탕에는 서정적 기법이 넓게 자리잡고 있다. 하지만 그는 그것을 자신의 내면을 드러내는 수단으로 사용하는 데 그치지 않고 함께 살아가는 이웃과 사회를 간절하지 담아내는 그릇으로 변용시킨다. 그의 이 같은 시적 기법은 이번 시집의 근간이 되고 있다.

칼바람이 코끝을 아리는 겨울의 끝자락에
방한복과 쇠못 등산화로 단단히 무장하고
눈얼음 덮어쓴 가야산 돌계단을
한발 한발 오른다

장갑 속으로 파고드는 냉기에
손마디는 굳어가고 하얀 입김이
화통 연기처럼 뿜어져 나올 즈음

마침내 온 세상이 두 발 아래로 열렸다
무사히 올랐다는 안도감도 잠시뿐
빙판처럼 미끄러운 내리막길이 공포로
다가온다

올라온 길보다 내려갈 길이 아득하고
오르기 위해 배운 것은 쓸모없게 되었지만
내려가기 전까진 끝난 것이 아니기에
길게 누워버린 신갈나무 그림자처럼
쉬어 갈 수도 없는 노릇이다

황혼의 길은 그래서 어려운가 보다
-「겨울 산행」 전문

위에 든 시도 그 같은 시적 기법을 잘 보여주고 있는 작품이다. 표면적으로는 '산행'의 과정이 눈에 보이듯 그려져 있지만, 곰곰이 들여다보면 그 이면에는 사람살이의 굽이굽이가 섬세하게 아로새겨진 중층구조를 형성하고 있다. 첫 대목에 제시된 '방한복과 쇠못 등산화로 단단히 무장하고/ 눈얼음 덮어쓴 가야산 돌계단을/ 한발 한발 오른다'는 대목은 가야산 등정을 위한 단단한 준비 과정을 보이는 것이다. 하지만 이는 단순히 산행 과정을 넘어 사람살이에서도 어떤 목표를 향해 가기 위해서는 꼼꼼하게 준비를 해야 한다는 사유를 파생시킨다. 그렇게 준비를 빈틈없이 마친 다음에야 '파고드는 냉기에/ 손마디는 굳어가고 하얀 입김이/ 화통 연기처럼 뿜어져 나올 즈음/ 마침내 온 세상이 두 발 아래로 열'릴 수 있을 것이다.

  하지만 화자의 여기에 두어져 있지 않다. '무사히 올랐다는 안도감도 잠시뿐/ 빙판처럼 미끄러운 내리막길이 공포로/ 다가온다'고 말함으로써 정상을 딛는 것 못지않게 원래의 자리로 잘 돌아가는 일에 더욱 큰 비중을 두어야 한다는 사유를 펼친다. 내려갈 길이 아득하고/ 오르기 위해 배운 것은 쓸모없게 되었지만/ 내려가기 전까진 끝난 것이 아니'다 라고 언술하고 있는 그 같은 사유의 연장선상에 있다. 화자는 '길게 누운 신갈나무 그림자'를 닮아 그 자리에 눕고 싶지만 사람살이는 멈춤이라곤 없이 흘러가야 한다고 말한다. 결구를 통해 '황혼의 길은 그래서 어려운가 보다'라고 말함으로써 사람살이에 정년은 없으며 내리막길을 서두르기보다 천천히 느긋하게 새로운 길을 모색해 나가야 한다고 귀띔하고 있다.

    연둣빛 새싹이 하나 돋았다
    지난해 뿌려놓은 것이다
    이제 며칠이면 곧게 뻗은 줄기 위로
    주홍의 자태를 뽐내겠지

    아
    그런데
    내가 한눈파는 사이

긴 대롱만 남긴 채 고스러졌다
너의 원망 섞인 외침이 들린다
가장 아름다운 순간에 어디 있었냐
라는,

잠시라도 방심하면 안 된다
설레는 순간을 놓치기 싫다면

-「참나리」 전문

　위에 든 작품 역시 선입견을 배제한 가운데 섬세하게 관찰한 자연의 순행 모습이 고스란히 담긴 작품이다. 화자는 먼저 지난해 뿌려놓은 참나리 씨앗이 1년여 만에 '연둣빛 새싹(으로) 돋'아난 사실을 적시하고 있다. 마침내 그 가녀린 새싹은 며칠 지나지 않아 '곧게 뻗은 줄기 위로/ 주홍의 자태를 뽐'낼 것이다. 이것은 그만큼 흐르는 시간 위에 수고로움과 땀을 아끼지 않으면 아름다운 결실을 맺을 수 있다는 것을 암시한다.
　하지만 참나리의 아름다운 자태는 봄날이 화살같이 지나가듯 진득하게 오래가지는 않는다. 화자가 다른 일에 '한눈파는 사이/ 긴 대롱만 남긴 채 고스'란히 지고 만다. 아름다움은 오래가는 것이 아니며 꽃이 피어 있는 순간을 주시하며 지켜야 한다고 넌지시 말하고 있는 셈이다. '잠시라도 방심하면 안 된다/ 설레는 순간을 놓치기 싫다면'은 그 같은 사유의 연장선상에 있는 경구이다. 이것은 꽃을 관상하는 자세에서 벗어나, 인간사를 꾸려나가는 데에도 자신이 이룩한 것을 지키려면 우리네 삶의 순간순간을 헛되이 흘려보내지 말고 주시해야 한다는 사유와도 단단한 고리를 이룬다.

사물의 속성을 빌어 삶의 비밀을 견인하다

이와 함께 서창록의 이번 시집에서 주목을 끄는 시편들 가운데 하나는 시인의 일상을 함께하는 사물들을 새롭게 들여다보는 시선이 담긴 것들이다. 역시 소재가 함축하고 있는 내면적 속성을 쭉 설정한 다음, 그것을 삶의 비의와 연결시키는 전략을 취하고 있다.

> 아침부터 칼이 도마를 내리친다
> 날카로운 칼날이 때릴 때마다 도마의
> 살점은 뜯겨 나간다
> 고성이 사방에 울린다
> 도마가 속절없이 당하는 것 같지만
> 칼날 또한 빠르지 무디어진다
> 움푹 팬 몸통은 인고의 시간을 견딘 흔적
> 하지만 칼질은 멈추지 않는다
> 죽기만큼 싫어도
> 몸이 부서져도
> 함께 있어야 하는 존재여,
> 끝내 헤어지지 못할 운명이라면
> 그저 서로 위로하며 끌어안을 수밖에
>
> -「궁합」 전문

우리네 부엌살림의 중요한 반려인 식칼과 도마를 둘러싼 드라마를 알레고리로 삼고 있는 작품이다. 하지만 화자가 초점을 맞추고 있는 것은 주방을 꾸려가는 소소한 도구들의 쓰임새가 아닌, 사람살이를 둘러싼 삶의 드라마이다. 즉 식칼은 도마를 마당으로 하여 내리치고 자르고 하는 역할을 한다는 점에서 부리는 자로, 도마는 늘 아픔을 감내하는 처지지만 마다치 않고 제 소임을 다해 식재료들을 다듬고 고르는 일을 곧잘 해내도록 돕는 대상으로 설정되어 있다.

화자는 첫 대목에 '아침부터 식칼이 도마를 내리친다/ 날카로운 칼날이 때릴 때마다 도마의/ 살점은 뜯겨 나간다'라는 알레고리를 제시하고 있다. 이는 단순히 도마와 칼의 드라마를 넘어 우리네 삶을 위한 생산을 감당하는 노동의 버거움과 아픔을 환기한다. '내리친다', '살점(이) 뜯겨 나간다', '고성이 사방에 울린다' 등의 표현은 인간의 살림살이를 제대로 꾸려가기 위한 일의 치열함을 드러낸다. 하지만 화자는 이 치열한 고통이 어느 한쪽에게만 버겁고 아픈 일로 귀결되지 않는다고 말한다. 즉 '도마가 속절없이 당하는 것 같지만/ 칼날 또한 빠르게 무디어진다'고 말함으로써 서로가 아픔을 공유하고 버거움은 나누어 갖는 존재임을 암시한다.

흔히 부리는 자와 부림을 당하는 자는 일방의 승리로 끝나는 것으로 귀결되기 쉽지만, 화자는 세상이 제대로 돌아가기 위해서는 서로 양보하고 힘을 합해야 한다는 것을 잘 알고 있다. '죽기만큼 싫어도/ 몸이 부서져도/ 함께 있어야 하는 존재'라는 명제는 그 같은 사유의 연장선상에 있다. 갈

등과 대결로 점철되어 있어 보이는 세태를 넘어 한 줄기 새 빛이 비치기 위해서는 서로 하나가 되어 어둠을 밀어낼 수밖에 다른 도리가 없다. '끝내 헤어지지 못할 운명이라면/ 그저 서로 위로하며 끌어안을 수밖에' 없다는 것은 그 같은 사유를 뒷받침한다. 식칼과 도마를 둘러싼 드라마지만 우리네 삶의 깊은 속사정과 긴밀하게 연결되어 있기도 하다.

  질 들뢰즈는 일하는 사람과 동물, 도구로 사용되는 사물까지를 아울러 '욕망하는 기계'라고 정의한다. 이들은 모두 모종의 사회적 생산을 위해 노동력을 제공하는 존재들이며 개별적인 의지는 박탈당한 채 오직 좋은 실적만을 위해 기꺼이 혹사하도록 구조화되어 있을 뿐이다. 나아가 그는 '기관 없는 신체'라는 개념을 도입하여 이들 생산에 동원되는 것들이 자유 의지를 박탈당한 채 오직 수단으로써만 충당되는 구조에 편입되어 있음을 명백하게 지적한다. 이 같은 박탈과 소외를 극복해 나가기 위해서는 서로 상생하면서, 부족한 부분들을 채워 나가는 수밖에 없을 것이다. 사창록이 제시한 식칼과 도마의 드라마는, 사물들의 관계에서 촉발되었지만 오늘날 우리 사회가 직면한 갈등과 대립을 넘어 밝은 내일을 가기 위해서는 어떻게 해야 하는지를 묵상케 해 준다.

    찢어진 당초 무늬 벽지 틈으로
    회색 속살이 드러난 단칸방에
    네 식구가 나란히 누우면 구석진

자리는 항상 나의 차지다.
동생 몸 닿는 게 싫어서 벽으로
바짝 붙으니
차가운 시멘트벽이 슬그머니
귓속말을 건넨다.
'넌 커서 뭐가 되고 싶니?'
'뭐 하며 놀 때가 가장 재미있니?'
답이라도 하듯 요 밑에 숨겨둔
크레용으로 그림을 그린다.
벽면은 금세 반구대 암각화처럼
어지럽게 변한다.
벽에서 스미는 시멘트 냄새
스르르 눈이 감긴다.
'오늘 밤은 무슨 꿈을 꿀까?'
한껏 기대하며 잠에 빠진다.

-「벽」 전문

서울에서 차로 몇 시간 가면
한적한 시골에 집 한 채 덜렁 있다
홀로 찾는 이곳은 해가 떨어지면
풀벌레 소리만 들린다
밤이 깊어지고 귀뚜리도 잠이 들자
나와 밤하늘과 어둠만 남았다

빛도

소리도
맛도
냄새도
촉감도
생각도

無

모든 것이 과잉인 시대에
누리는 나만의 사치다

―「과잉 시대」 전문

   위에 든 두 작품은 더욱 요즈음 우리 사회의 아픈 모습을 투시하는 데서 시작해 앞으로 나아갈 바를 시적으로 암시하고 있다. 화자를 둘러싼 소소한 일들이 소재가 되어 있지만, 개인의 영역에 머물지 않고 우리가 함께 지향해 나아갈 바를 귀띔해 준다.
   앞에 든 시는 네 식구가 나란히 누우면 '회색 속살이 드러난 단칸방'을 시적 공간으로 하고 있다. 그나마 구석진 자리를 차지한 화자는 '동생 몸 닿는 게 싫어서 벽으로/ 바짝 붙'어서 지내야 하는 처지이다. 하지만 화자는 차가운 시멘트 벽을 비좁고 헤쳐 나가기 어려운 장애물로만 여기지는 않는다. 등을 받치고 있던 벽이 '넌 커서 뭐가 되고 싶니?' 하고 건네는 질문을 듣기도 하고, '답이라도 하듯 요 밑에 숨겨둔/

크레용으로 그림을 그린다.' 그럴 때면 차갑고 어두운 얼굴 대신 '금세 반구대 암각화처럼' 다양하게 변해 간다. 즉 주어진 조건이 문제가 아니라 그것을 딛고 얼마나 큰 꿈을 그려 나가느냐에 따라 멋진 화판이 되기도 하고, 활짝 열린 미래를 설계하는 청사진이 되기도 하는 것이다. '벽에서 스미는 시멘트 냄새'를 맡으며 화자는 스르르 눈이 감긴다. 차가운 벽에 기대어 "오늘 밤은 무슨 꿈을 꿀까?' 한껏 기대하며 잠에 빠진다.' 비록 어려운 인간사라 할지라도 물질에 갇히지 말고 자유롭고 활달한 정신의 날개를 달 때 얼마든지 미래는 밝게 열린다는 사유를 담지하고 있다.

앞에 든 시가 청년기의 화자를 둘러싼 드라마라면 뒤에 든 시는 세속적인 삶을 한껏 누린 장년기에 접어든 화자의 선택을 모티프로 한 작품이다. 세속적 지위와 물질을 쌓기 위해 쉬지 않고 달려왔을 것이지만, 정작 화자가 선택한 것은 서울에서 차로 몇 시간 달려야 하는 '한적한 시골에 덜렁 (놓여 있는) 집 한 채'이다. 화자는 그동안 쉼 없이 거머쥐기 위해 부심한 고가의 주택이며 최고가를 찍은 주식 대신 '해가 떨어지면/ 풀벌레 소리만 들'리고 '밤이 깊어지고 귀뚜리도 잠들자/ 나와 밤하늘과 어둠만 남'는 세계를 선택하게 된 셈이다. 이는 아무리 값나가는 물질의 유혹이 있다 할지라도, 온갖 도시적 촉감을 넘어 소박하게 영혼을 적시는 세계가 우선이라는 사유를 펼치고 있다. 참다운 사치는 넘치는 물질의 소유를 넘어 정신적 영토를 활짝 여는 데 있다고 읽는 이들에게 귀띔하고 있는 셈이다.

속도를 늦춰 함께 살아가는 길을 제시하다

 서창록의 이번 시집에 실린 시들은 삶에서 동떨어진 것들보다 친근하게 함께 살아가는 것들이 대부분이다. 하지만 그것들은 강한 구심력을 갖고 그를 끌어당기고 있다. 그는 일상에서 만난 사상事象과 사물을 즐겨 시의 그릇에 담아간다. 하지만 그것을 맹목적으로 따라가기보다 그것들이 그의 내면에 불러일으키는 것들을 꼼꼼히 추적하는 방식으로 시를 써나가고 있다.

 아래 문항을 읽고 '예' '아니오'로 답하시오.

 -도인이나 주식 같은 투기를 좋아한다
 -돈대라는 말을 자주 듣는다
 -크고 작은 사기를 당한 적이 있다
 -한번 옳다고 믿으면 끝까지 믿는다
 -특정 정치 집회에 빠지지 않고 나간다
 -불신 지옥 외치며 타인의 소매를 잡은 적이 있다
 -겨인이 조만간 지구를 침공할 것이다
 -이번 생은 당했다

 위의 예시 중에 서 개 이상 '예'라고 답했다면 당신은 확신 증후군이 의심됩니다.
 이는 아직 학계에 보고된 적은 없지만 곧 연구

논문이 나올 것으로 보이는 신종 질환입니다.

이병의 주요 증상은 가슴이 답답하고 두근거리며
쉽게 화를 내기도 하는데 심한 경우 망상이나 환각을
일으켜 대인관계에 지장을 초래할 수도 있습니다.
이 병이 의심되는 사람은 아직 마땅한 치료 약이
없으니 각별히 유의하시기 바랍니다.

-「확신 증후군」 전문

공원 산책로에 늘어선 왕벚나무
바람 붓을 들더니 쇠라의 점묘법으로
꽃길을 그리기 시작한다
그 길 따라 사부작사부작 걸어가니
길섶 개나리가 기다렸다는 듯
늘어뜨린 가지를 노랑노랑 흔들며
신나게 트위스트를 춘다

어라,
갑작스러운 환대에 심장이 콩닥콩닥
아무것도 해준 게 없는데
그저 이 길 따라 걷고 있을 뿐인데
이제야 비로소 마주친 나의
착한 동네 친구들

-「꽃길」 전문

빠른 속도와 화려한 외양으로 치장한 오늘의 문명을 대하는 태도를 둘러싼 두 편의 작품을 골라 보았다. 앞에 든 작품은 '확신 증후군'이라는 말에 보듯이, 대화와 타협은 실종된 채 자신만이 신봉하는 이데아를 밀고 나가는 세태를 배경으로 하고 있다. 첫 대목에 제시된 '아래 문항을 읽고 '예' '아니오'로 답하시오'라는 명제에서 보듯, 오늘의 세계는 계층과 지역, 학맥 등에 따라 갈기갈기 찢어져 있을 뿐 아니라 상대를 이해하려는 태도를 찾아볼 수 없다. 그 아래 제시된 '코인', '주식 투기', '특정 정치 집회', '불신 지옥', '외계인' 등의 단어는 오늘날 우리 사회를 구성하는 인자들이다. 마지막으로 제시된 '이번 생은 망했다'는 선택자는 선택 자체를 넘어, 소유욕과 이기심으로 가득 찬 세계가 우리를 옥죈 끝에 다다르게 될 종착지를 가리키는 명제가 될 것이다. 화자는 마지막으로 '이 병이 의심되는 사람은 아직 마땅한 치료 약이/ 없으니 각별히 유의하시기 바랍니다'라는 구절을 통하여, 발달된 의학이나 외부적 충격 요법에 따른 치료보다 자신을 먼저 다스리는 것이 우선이라는 사유를 담지하고 있다.

뒤에 든 시는 이와는 사뭇 대비되는 모습을 담고 있다. 화자는 첫 대목에 '공원 산책로에 늘어선 왕벚나무/ 바람 붓을 들더니 쇠라의 점묘법으로/ 꽃길을 그리기 시작한다'라는 알리고리를 제시하고 있다. 이는 왕벚나무 향기가 퍼져 나가는 후각 이미지를 쇠라의 점묘법이라는 시각적 이미지로 바꾸어 묘사함으로써 생동감을 더하는 기법이다. 향기가 멀리 퍼져 나가는 모습이 눈에 잡히는 듯하다. 나아가 촘촘

하게 점이 찍혀 나간다는 점에서 다양한 인간 군상의 분포를 연상시키기도 한다. 이를 통해 세상은 각기 둥지를 틀고 살아가면서도 서로 아름답게 어울려 살아가는 세상이야말로 우리가 지향하는 세계라는 점을 암시한다. '사부작사부작', '노랑노랑', '(신나는) 트위스트' 등의 시어는 스스럼없이 어울려 살아갈 때 살맛이 나는 세상이 된다는 것을 암시해 주는 메타포이다. 결구에 제시된 '아무것도 해준 게 없는데/ 그저 이 길 따라 걷고 있을 뿐인데/ 이제야 비로소 마주친 나의/ 착한 동네 친구들'이라는 이미지를 통해, 강한 물욕과 이기심을 넘어 함께 어울려 살아갈 때 밝은 내일을 함께 맞는 공동체가 된다는 사유를 담고 있다. 풍부한 사물 이미지를 통해 화자의 내면을 풍성하게 그려내는 이 작품이 아마도 이 시집 전체를 아우르는 정서를 담은 게 아닌가 한다.

  그의 시에 담기는 순간 사물들은 사전적 의미를 상실한 채 새로운 의미를 띤다. 산뜻한 외양을 자랑하는 문명에서 꺼낸 소재들은 현실을 되짚어 보게 하는 대상물로, 부드러운 어감을 가진 꽃과 나무는 부드러운 정서를 야기하는 데서 나아가 스스로 꽃피우는 섭리를 빌어 우리네 인간이 지향해야 할 바를 암시하는 언어로 변신한다. 그런 점에서 서창록의 시어들은 끊임없이 탈바꿈해 가면서 세상을 새롭게 하는 데리다의 차연差延 미학과도 무관하지 않다. 끊임없이 사전적 규정을 벗어나 새로운 의미를 지향해 간다고 볼 수 있다.

지금까지 서창록 시인이 첫 시집에 구축해 놓은 시세계를 해부해 보았다. 그는 요즘 시에서는 보기 드물게 자연과 사물에서 고른 소재들을 중심으로 동성한 이미지를 담은 서정시를 선보이고 있다. 하지만 이를 통해 부드럽고 아름다운 정서의 구축에만 여념이 없는 게 아니라, 그를 통해 오늘의 세태를 진단하고 나아가 밝은 미래를 위한 시적 전략을 설득력 있게 제시하고 있다.

또한 그는 소재를 멀리서 구하지 않고 그가 가까이 두고 있는 삶 주변에서 구함으로써 한층 실감을 더하고 있다. 이는 개인의 자유와 창의력이 존중되고 일상의 가치가 무엇보다 소중하다는 것을 담은 현대 서정시의 정신과도 잘 부합된다.

그의 시에는 오늘날 첨단으로 치닫는 문명의 이기들이며 세속적 삶을 소재로 한 시들도 적지 않다. 하지만 그는 그것을 추종하거나 찬미의 대상으로 여기기보다 우리가 버려야 할 유산으로 설정하고 있다. 이를 통해 지나친 탐욕과 이기심을 넘어 함께 어울려 사는 대동세상이야말로 우리가 지향해야 할 세계라는 점을 잘 환기하고 있다.

그런 점에서 서창록의 서정시는 그만의 새로운 영역을 확보하고 있으며, 지나치게 난해한 기법과 주제로 인하여 독자들과 갈수록 멀어져가고 있는 우리 시에 한 활로를 열어줄 것으로 기대된다. 부드러운 서정과 자못 예리한 비판이라는 양날을 가진 서창록의 시가 한층 깊이를 더하여 시적 진경을 더하기 바라면서 작은 논의를 마친다.

모닝 커피

찍은날   2023년 7월 15일
펴낸날   2023년 7월 20일
지은이   서창록
펴낸이   박몽구
펴낸곳   도서출판 시와문화
주 소   13955 경기 안양시 동안구 경수대로883번길 33,
　　　　　103동 204호(비산동, 꿈에그린아파트)
전 화   (031)452-4992
E-mail   poetpak@naver.com
등록번호   제2007-000005호(2007년 2월 13일)
ISBN   978-89-94833-94-1(03810)

정 가   12,000원